この物語《フィクション》は、近代建築界の巨匠、
ル・コルビュジエに捧げるオマージュである。

20XX年
緯度 35.4　経度 140　日本
少年は世界を見たいと思っていた

•

1929年
緯度 48.52　経度 2.22　パリ
ル・コルビュジエは世界を考えていた

コルビュジエさんの
つくりたかった
美術館

文／五十川 藍子

絵／金子 ともこ

監修／山名 善之

ぼくにとって、世界は遠いものだった。
ぼくがなにをしようと、あるいはなにもしなくても
世界はそんなこと、関係ないみたいだった。
ぼくには、そのことが、少しだけ悲しかった。

「もっと世界を見たいな」
そして眺めているだけでなく参加したいと思っていた。

顔をあげると、目の前におじいさんが立っていた。

「ウィスキーはある？」
おじいさんはたずねた。
「ここはカフェだから、たぶんないと思うよ」
「そうかぁ。前に来たとき、
日本のウィスキーがとてもおいしかったんだ。
日本は水がおいしいからかな…？」

Pardon!

それにしても、とても変わったカッコだな。
蝶ネクタイ。そしてまんまるのメガネ…。

「…だからワインは特別な日に飲むものだ。そう思わない？」
「あの…。おじいさんはだれ？」
ぼくはそう聞いた。
おじいさんは「パルドン（失礼！）」と言いながら前に座ると、
目を細めながら言った。
「キミはあの建物を見ていたんだね。
もしかして、なにか知ってるのかな」
「知ってるよ。美術館でしょ？」

おじいさんは、ぴょこんっと飛び跳ねるように立ち上がった。
それは言っちゃ悪いけど、まるでペンギンみたいだった。
「行こう！」と言うが早いか、おじいさんは歩き出し、
「早く、早く」と手招きしている。

「キミはきっとなにも知らないんだ」

美術館の前に立つなり、おじいさんは宣言した。
ぼくは驚いて、どういうことか聞こうとしたけれど、
おじいさんはそんなことお構いなし！　という様子で
「アレ！？」と叫びながら、
入口のほうにどんどん進んでいった。

「いったいどうしちゃったんだ？
ピロティがこんなに狭くなっている！」
そう、建物に叫んだ。

こんなおじいさん、会ったことない。

実は、このおじいさんこそ、上野の国立西洋美術館を設計した、ル・コルビュジエなのでした。コルビュジエさんは「新しい建築のための五つの要点」を提唱した、大変有名な建築家です。「新しい建築のための五つの要点」とは、ピロティ、屋上庭園、自由な平面、連続水平窓、自由な立面のことです。

ここでは、コルビュジエさんが提唱した、「新しい建築のための五つの要点」のうちのひとつ、「ピロティ」についてご説明しましょう。ピロティとは、２階以上の建物の１階部分に、構造体である柱が、外部空間に見えているものをいいます。

コルビュジエさんが活躍する少し前の時代に、建築界に技術革新が起こりました。鉄筋コンクリート構造の登場です。機会があったら、ヨーロッパの古い建物をよく見てください。どれも窓が小さく、壁が厚いことに気がつくと思います。それは、壁自体が構造体の役割もしているからです。石造りの建物は、それ自体がとても重いので、厚い壁でなければ建物を支えることができませんでした。窓も、あまり大きくはできません。この状態では、壁がなく、構造体のみで建物を支える「ピロティ」は不可能でした。

しかし、鉄筋コンクリートを使うことで構造体が強くなり、柱だけで建物を支えることができるようになりました。ここで、今までの制約にとらわれない、新しい建物が次々と誕生してきます。

国立西洋美術館にも、当初は設計通り、１階部分に広いピロティがありました。しかし、今のピロティは、半分くらいの広さになっています。室内のエントランスホールを広くしようと、改築するときに、一列だけ柱を残し、あとは内部空間に取り込まれたのです。新館増改築の際には、さまざまな事情があり、コルビュジエさんの意図通りにならなかったところもあります。

コルビュジエさんはそれを知りませんから…狭くなったピロティをもしコルビュジエさんが見たら、顔を真っ赤にして怒ったに違いありません。

サヴォア邸／新しい建築のための五つの要点によって建てられた、
コルビュジエさんの代表作。フランスのパリ近郊のポワシーにあります。

国立西洋美術館（設立当時）のピロティ

美術館に入ると、天井から光がさしてきた。
ぼくは思わず「あ、太陽！」と、小さく叫んだ。

おじいさんが質問してきた。
「美術館とは、なんだと思う？」
「…美術館は、そうだな。絵があるところ。
でも、絵だけじゃないか。アートがある場所かな」

おじいさんは、うんうんとうなずき
「もちろんそうなんだけれども、キミの家に絵があったら、
アートが集まっていたら、
自動的に美術館になっちゃうわけじゃないだろう？」
おじいさんは期待を込めた目で、じっとぼくを見たので、
もっとよい答えを見つけなくちゃ、という気持ちになってきた。
「ええと。そしたら、アートがいつも集まっている場所。
アートを発信する場所、かな？」

「そう、集まる場所だ。集まり続ける場所だ。
でも、それだけじゃない。美術館は、世界を見る装置だ」

D
L

「世界を見る装置？　美術館から世界が見れるの？」

「…昔、キミが生まれるよりずっと前のこと。
わたしも若かったころの話だ。
大きな戦争があり、何年もの間、
世界は敵味方に分かれて戦い続けた。
この戦争が終わったとき、
ひとつ仕事が舞い込んだ」

「ジュネーブに、ある建物を設計してほしいという。
もう二度と戦争が起こらないように。
世界中の人々が集える場所、世界の中心をつくってほしい。

わたしは考えた。
人はどうやって、人と仲よくなるのか。
どうやって人を許すのか…」

「まずは相手を知ることだ。
相手に興味を持つことだ。
自分と違う文化や歴史に興味を持ち、知ろうとすること。
そんな気持ちで話しあえたら、
自然とお互いを認めあえるのではないか。

ふつうの人たちが
違う文化の、ふつうの人たちと
お互いの文化を楽しんだり、おもしろがったり、笑いあうとき
戦争するのはとても難しいだろう？

国なんて、あとで人がつくった線引きにすぎない。
文化だ。文化から世界の平和を考えたらと思ったのだ。

世界中の文化を知ることができる場所が必要だ。
世界には本当にたくさんの文化や歴史がある。
そして、時代は流れ、文化も変化し続ける。
それらをどんどん集められる場所。
広がる世界を感じるところ。
それが美術館だ。

だから美術館は囲ってはいけない。
それはどんどん広がり続ける」

「しかし、わたしの案は受け入れてもらえなかった。
世界中の人々が集まる場所はできたが、またケンカが始まり
世界は大きな戦争に突入してしまう。

でもわたしの頭の中には、世界の文化を見ることができて
広がり続ける美術館の構想は残った。
それは『無限成長美術館』という」

コルビュジエさんは、建物を設計する際に、プロトタイプ（原型にあたるもの）の研究を熱心におこなっていました。国立西洋美術館は、コルビュジエさんが考えたプロトタイプ「無限成長の美術館」のひとつとして設計されたのです。

コルビュジエさんは最初、貝殻からインスピレーションを得たといわれています。海が大好きで、いつも手元に貝殻を置いていたコルビュジエさんは、考えごとをするときに、よく、貝殻を触り、眺めていました。この巻貝のぐるぐるから、外に向かって、成長していく美術館が生まれました。

らせん状に展示室が広がり、展示物が増えれば、部屋を外側にどんどん増やすことができる美術館。そして、美術館そのものも単独ではなく、複合施設の中心として存在し、美術館を中心として、街が成長していくことを夢見ていたようです。

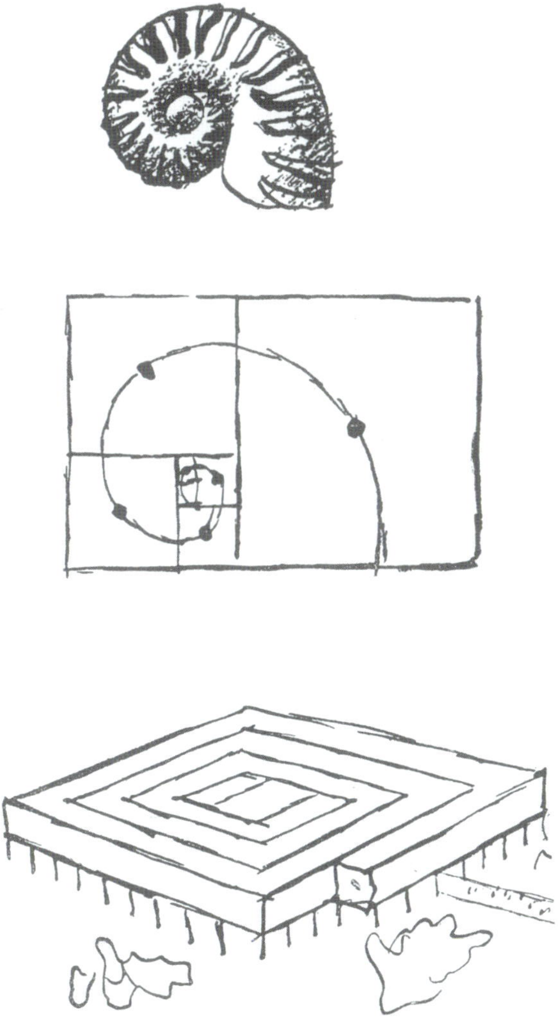

巻貝から無限成長美術館への過程を描いた
コルビュジエさんのスケッチ

コルビュジエさんは、とても筆まめで、多くの手紙を残しています。この手紙は、雑誌編集者であり、美術評論家でもあったゼルヴォス氏宛てに、パリ現代美術館として「無限成長美術館」の構想を綴《つづ》ったものです。

コルビュジエさんの美術館に対する思いが伝わってきます。

「残念ながら、
ここに書かれているパリ現代美術館は
構想で終わってしまったけれど、
実現した美術館もあるんだよ」

パリにモダーン・アート美術館を創設しようという試案を提案することをお許しください。ここに示すのは単なる美術館の《プロジェクト》というわけでは、全くありません。権威的な条件によるものではなく、全くその反対で、有機的生物に現れる秩序における、成長の自然法則に従いながら美術館をパリに建設するに至るための《手段》です。調和《ハーモニー》を保ちながら付け加えることの出来うるエレメントという考えで、全体のアイディアが、部分のアイディアに先行しています。この考えは、私の頭の中で、既に何年もの間、温められてきたものです。(中略)

この美術館の原理はこの《アイディア》にあります。これは特許になり得るものです…もし、「カイエ・ダール誌」が特許をとるおつもりであれば！

美術館は資金なしでも始められる。正直申し上げれば、10 万フラン必要であるが、それで、最初の部屋をつくる。それに続けて、1 部屋、2 部屋、4 部屋というように新しい部屋を、翌月でも、あるいは 2 年後、4 年後でも、増築したいときに加えることができる。(中略)

親愛なるゼルヴォス様、(中略) 貴殿にこれを差し上げます。これでこの考えは公になりました。貴殿にとって幸運であることを祈りつつ。

ル・コルビュジエ、1930 年 12 月 8 日

筑摩書房「ムンダネウム」ル・コルビュジエ、ポール・オトレ著　山名善之訳　より引用

「たとえば、インドの
チャンディガール都市計画の中で設計した美術館や…
同じくインドのアーメダバードにある、
サンスカル・ケンドラ美術館だ」

チャンディガールの美術館

アーメダバードの
サンスカル・ケンドラ美術館

「ただ、どちらも、
さまざまな問題があり、
最初にわたしが考えた美術館とは
少し違うものになっている。
でもひとつだけ、
ちゃんと機能している美術館がある」

「それが、上野の国立西洋美術館だ」

インドにある２つの美術館より、少し小さいけれど、国立西洋美術館にもちゃんと“ぐるぐる”があります。“ぐるぐる”の真ん中には柱があり、この柱を囲むようにして、東西南北４方向に、同じ部屋がつくられています。

訪れた人は、中央からの光を感じながら、順番に部屋を回るのです。

“ぐるぐる”の先は、中３階に続きます。ここは以前、小さな物を展示するスペースになっていましたが、片方しか手すりがない階段が危険なので、今は、関係者以外使われていません。

「ほら、“ぐるぐる” があるだろ」

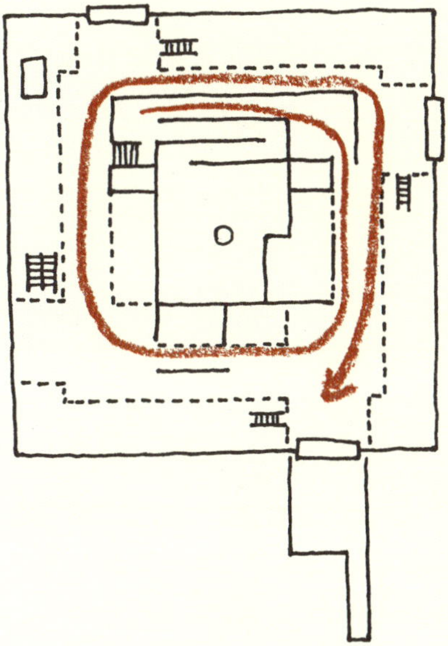

2F

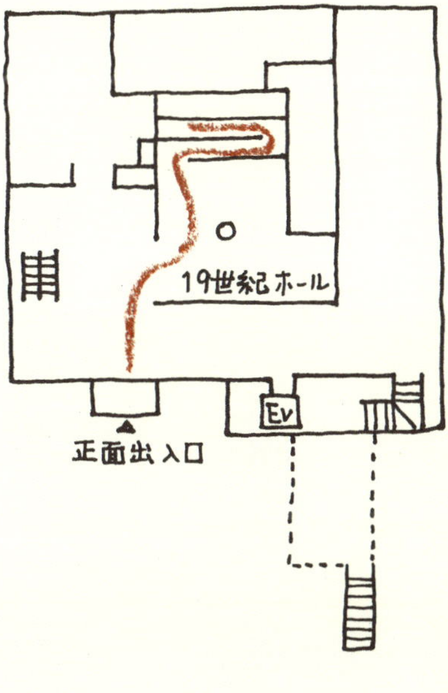

1F

「この柱を見て！」
おじいさんは、さっきから
子どもみたいに大はしゃぎだった。

「こんな美しい柱は、日本以外では見たことがない。
これは、日本の職人の腕がいいからだよ。
コンクリートを流し込む木枠が、
とても精巧につくられている証拠だ。
キミは日本人であることを誇りに思ったほうがいい」

そう言って、ぼくの背中をばんばんっとたたくと、
おじいさんはどんどん進んでいった。

ぼくは急いで追いかけた。

Très《トレ》 bièn《ビアン》!!

「どうしたの？」

おじいさんがまたぶつぶつ言っている。
「なぜここが立ち入り禁止なんだ…？」

そしておじいさんは、なぜか手すりが片方しかついていない
危ない階段を上ってしまい
階段の上から、まるで世界が終わったような声で叫んだ。

「やっぱり中３階が仕切られている！」

「キミはこれがどういうことかわからないの？
ぐるぐるがここで終わっちゃったってことだよ！
信じられない！」

人が来るんじゃないかと心配になり、
とにかく降りてと頼むと
おじいさんは階段から落ちてしまった！
驚いて駆け寄ると、おじいさんは目を大きく開いて、
ぼくの後ろを見ている。

「窓の光がおかしい」
「なに？　今度はなにがおかしいの？」
おじいさんは、ぼくをおいてきぼりにして
右の窓を追うように、
どんどん走って行ってしまった。

目の前に、モネの絵があった。

睡蓮《すいれん》が水に映っていた。

風に揺れていた。

太陽があった。

モネの絵には光が見える。
見ていると、その光がどんどん変化していく。

「絵の中にはこんなに光があふれているのに
光を閉じてしまうなんて」

いつの間にか、おじいさんが横にいた。

「この窓は全部蛍光灯だ。自然の光じゃない。
だれかが全部窓を閉じちゃったんだ」

コルビュジエさんの建築物は、光の遺産といわれます。それは、光との関係、つまり太陽の光をどう取り入れるかについて細かく計算され、図面が引かれていたからです。特にロンシャンの礼拝堂やフェルミニの教会堂は、自然光の演出が素晴らしく、とても壮麗な気持ちにさせてくれます。

コルビュジエさんは、スケッチにも、よく太陽の絵を描いていました。ですから、もちろん国立西洋美術館にあるぐるぐるの内側には、自然光が取り入れられる予定でした。もし、コルビュジエさんがこの窓を見たら、とても悲しむに違いないのです。

でも、これにも訳があります。ちょうどそのころ、自然光はその紫外線により、美術品を劣化させることがわかり、美術館側は、どうしても、自然光を遮断《しゃだん》せざるをえませんでした。

コルビュジエさんには、日本人の弟子が３人いました。戦後の日本の建築界を支えた、前川國男《まえかわくにお》、坂倉準三《さかくらじゅんぞう》、吉阪隆正《よしざかたかまさ》です。コルビュジエさんの構想をもとに、国立西洋美術館の実際の図面を引いたのは彼らでした。３人は師の思いを大切に、閉じられた窓の中に蛍光灯を入れ、なんとかそのデザインだけでも生かそうとしたのです。これは、師の思いと美術品を守るための、苦肉《くにく》の策だったのです。

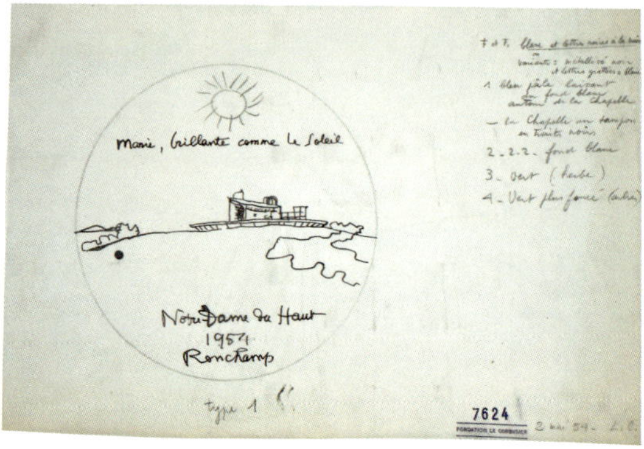

太陽が描かれたコルビュジエさんのスケッチ

ロンシャンの礼拝堂内観と外観

フェルミニの教会堂外観と内観

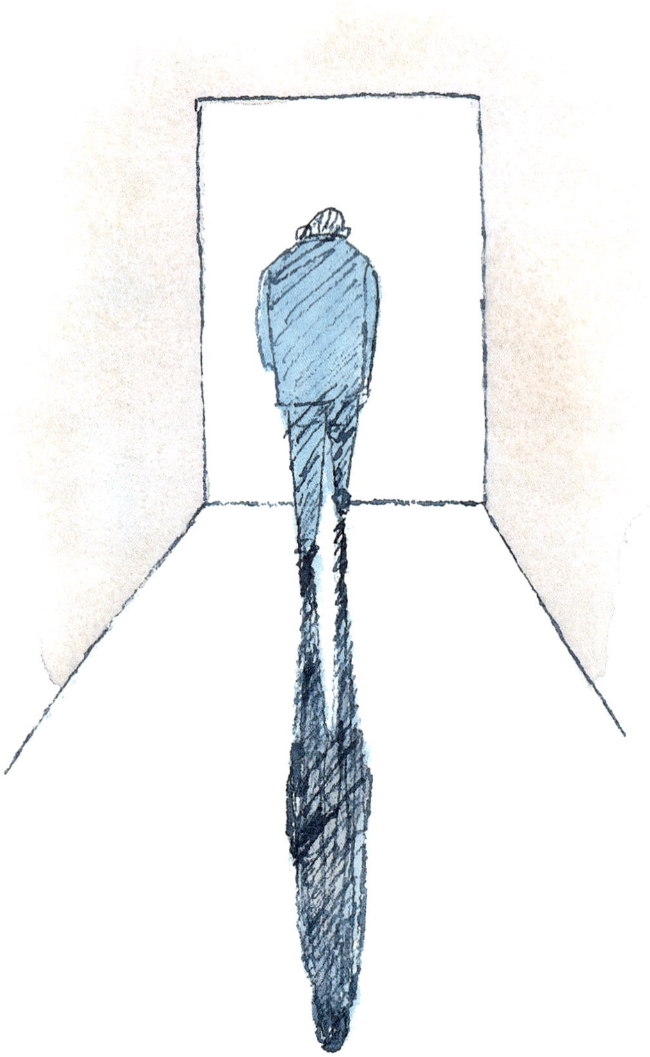

「なぜ自然光を入れたのか、わかる？」
ぼくは首をふった。

「光は変化する。
季節によって、日によって、時間によって、変化し続ける。
絵が同じでも、建物が同じでも、光の変化によって
見えるものの表情は変わるんだよ。
わたしは、美術館を訪れた人にいつも違うものを見せたかった。
だから自然光を入れたんだ」

「それなのに、全部蛍光灯に
変えられてしまったなんて…」

「もう行こう」

ぼくは、おじいさんの後ろを歩きながら考えていた。

ただの建物だと思っていた美術館を
こんなに一生懸命つくった人がいた。

…ぼくには知らないことがたくさんある。

もしかしたらこの世界には、
誰かがつくった大切なものが、たくさんあるんじゃないか。

世界とは、そういうものでできているのかもしれない。
おじいさんが考えた美術館のように。

世界はぼくの知らないものでいっぱいなんだ。
ぼくは、少しだけ世界を見た気がした。

出口のところで、
おじいさんはなにか見つけたみたいだった。

「あれは弟子の前川君が建てた、東京文化会館だ。
見てくれ。この黒い御影石《みかげいし》は、わたしへのメッセージだ」

足元を見ると、黒い御影石が線になって、
東京文化会館のほうへまっすぐ伸びていた。
「これはなに？」
「決まっているじゃないか。
これは国立西洋美術館とあの劇場（東京文化会館）の
中心を結ぶ線だよ」

国立西洋美術館の目の前にある東京文化会館は、コルビュジエさんの弟子の、前川國男さんが設計したものです。前川さんは、師の教えをよく理解していました。

建物は人のために存在していること。
デザインには意味があること。
周りの建物と、調和がとれていること。
複数の、特に、3つ以上の建物が調和した関係にあると、
その空間が有機的に発展すること。

前川さんは、コルビュジエさんの教えにしたがい、国立西洋美術館の中心線上に、東京文化会館の劇場の中心線を合わせました。この黒い御影石《みかげいし》のラインは、東京文化会館の劇場の真ん中をつらぬいています。そして、2つの建物の高さも合わせました。

今、上野では、師と弟子の建物が、仲よく、向かいあわせに建っているのです。

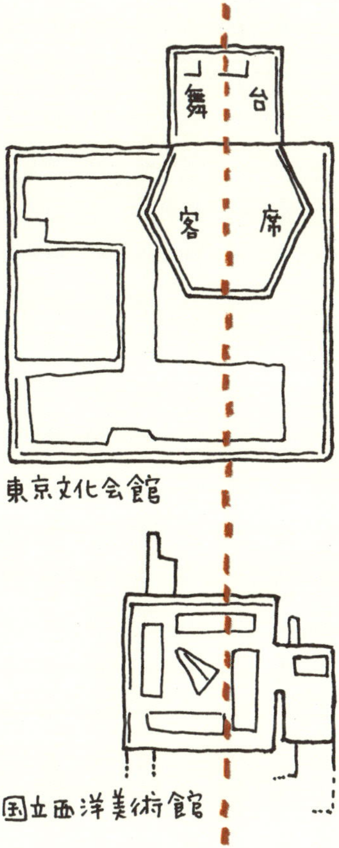
舞台
客席
東京文化会館
国立西洋美術館

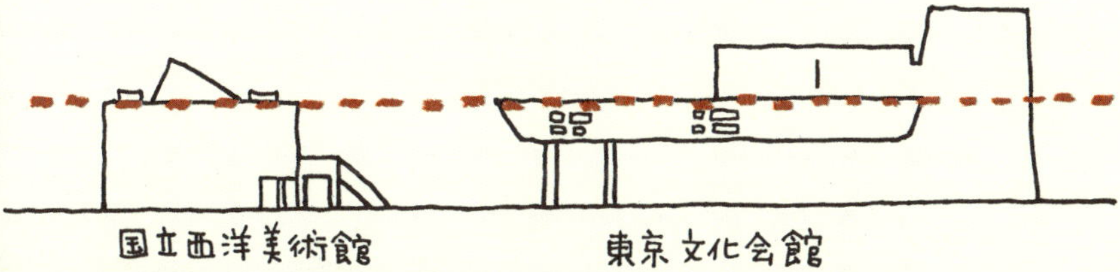
国立西洋美術館
東京文化会館

「建物は、１つでは完結しない。
調和していないところには、なにも生まれない。
それは心地よくないからだ。
パリの街だって、窓の高さがそろっていたり、
バランスがとれているから気持ちがいいんだ。
気持ちのいい場所は、
みんな調和がとれているものなんだよ」

コルビュジエさんは、上野の国立西洋美術館の設計を依頼されたとき、実は全部で３つの建物を提案していました。

１つは、「美術館」。２つめは、不思議の箱といわれる「劇場」。３つめは「企画展示室」つまり、美術館に納められるよりも新しい美術作品を展示するところです。

美術館だけ依頼したつもりの日本政府は、壮大なスケールで描かれた設計図を見て、とても驚きました。

しかし、コルビュジエさんには確固たる信念があったのです。建物は１つで完結するものではない。周りの建物と調和することによって、初めて機能するのだと。

そして、コルビュジエさんは、この３つという数字にもこだわりがあったようです。２つではなくて、３つ。３つあれば、そこからいろんな可能性が広がる。

戦争が終わって 10 年。まだまだ発展途上であった上野の街を見て、コルビュジエさんは希望を抱いたに違いありません。

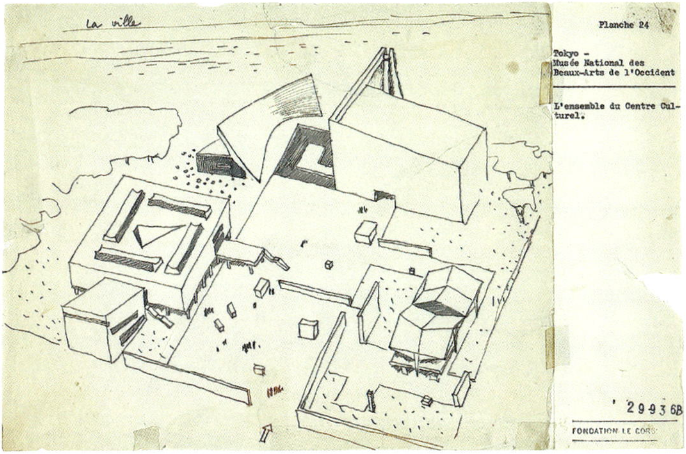

コルビュジエさんの描いた西洋美術館の構想スケッチ　FLC 29936B

「この街を、美術館を、文化を中心に発展させよう」

風が吹いていた。

「ほら、劇場に、あんなに人が集まっている」

音楽が聞こえてきた。

「２つはできたのだ」

…ということは、あと１つ。

「でも、もしかしたら、それはもうあるのかもしれない」

「…駅は、人がただ通過するだけの場所ではなくなったんだな」

ぼくは、心地よい風に吹かれながら
楽しそうに行き交う人を見ていた。

「いつか、ぼくにもなにかできるかな」

おじいさんはとても嬉しそうに言った。

「キミならここをどうする？
今いる人のために。
100 年後の人のために」

「あとはよろしく！」

「コルビュジエさんのつくりたかった美術館」を
お読みいただき、ありがとうございます。

この物語は、一部事実に基づいたフィクションです。
ル・コルビュジエを全く知らない人でも
「コルビュジエさん」に親しみを感じ
ル・コルビュジエが残した素晴らしいものに
興味をもつ一助になればという思いで、つくりました。
この物語を楽しんでいただけたなら、とても嬉しく存じます。

また、この本をつくるにあたり
たくさんの方のお力添えをいただきました。
みなさまのご協力なくしては
この本は世の中に出ることはなかったと思います。
心よりお礼申し上げます。

文　五十川藍子

1976年東京生まれ。フリーライター。ラジオ「ラジオの街で逢いましょう」（インターFM毎週日曜日夜11時～11時半）にアシスタントとして出演中。今回は初の著書。モディリアーニとアガサクリスティと黒柳徹子さんの大ファン。落語とタンゴとワインとエビとアボカドが大好き。
blog http://d.hatena.ne.jp/coccola/

絵　金子ともこ

福岡市在住。
［アトリエ：ボンジュール トモコ］
広告のイラストを中心に、TV・CM、キャラクター、また雑誌・書籍挿絵、絵本制作、オブジェ、壁画・店舗イラスト等幅広く活動。（社）日本グラフィックデザイナー協会・JAGDA会員。
http://kugihara.exblog.jp/

監修　山名善之

東京理科大学工学部建築学科准教授。フランス政府公認建築家、博士（パリ大学パンテオン・ソルボンヌ校）。

文●五十川藍子
絵●金子ともこ

監修●山名善之
プロデュース●山崎勝利

ブックデザイン・編集●ペグハウス
図版●中山三恵子
制作●株式会社マップス（古畑尊寿）

写真● P13上／下田泰也
P13下／国立西洋美術館蔵
P28、29／山名善之
P30、31、45／下田泰也

Special Thanks ！
多苗尚志　森村ゆき　大槻美菜　山中恵珠
吉田隼人　吉田眞知子　辰野元信　和田清華
岩崎久美　新保友恵　鶴田健　鶴田玲子
柳井裕至　万膳園子　脇坂理永　佐藤愛
赤荻朋子　西村友恵　大野雅子　清水宣晶
小笹芳央　平川克美　菊地史彦　中村由紀人
角田尚美（敬称略）

コルビュジエさんのつくりたかった美術館

2009年7月1日　初版発行

発行者／下田泰也
発行所／株式会社 Echelle-1（エシェル・アン）
〒162-0822
東京都新宿区下宮比町2-14
TEL：03-3513-5826
FAX：03-3513-5813

印刷・製本／大日本印刷株式会社

ISBN 978-4-904700-00-6